LE MIROIR BRISÉ

Tragédie athénienne et politique

Pour Richard Buxton

PIERRE VIDAL-NAQUET

LE MIROIR BRISÉ

Tragédie athénienne et politique

Les Belles Lettres

2002

© *2002, Société d'édition Les Belles Lettres
95, boulevard Raspail, 75006 Paris
www.lesbelleslettres.com*

ISBN : 2-251-38058-2

REMERCIEMENTS

Ce texte est issu d'un exposé présenté en avril 1998 à la Northwestern University (Evanston, Illinois) devant les collègues qui m'avaient fait l'honneur de m'inviter. Je l'ai promené depuis un peu partout dans le monde, et j'en donne ici, à la demande de Michel Desgranges, une version considérablement développée. Alors que je me trouvais loin de Paris et de ses bibliothèques, j'ai reçu l'aide de nombre d'amis, notamment de Pascale Brillet-Dubois, Jacques Brunschwig, Françoise Cibiel, Marie-José d'Hoop, François Lissarrague, Oddone Longo, Anne-Marie Ozanam, Andrea Rodighiero et Jean-Christophe Saladin. Que tous trouvent ici l'expression de ma reconnaissance. Une fois de plus, comme elle le fait depuis quarante ans, Maud Sissung a transformé mon manuscrit. Merci à elle.

Les Grecs ont inventé la politique. On peut le dire sans crainte, dans la mesure où la politique implique non seulement le débat – d'autres sociétés l'ont pratiqué –, mais le suffrage, la loi commune écrite, la résolution des antagonismes par des joutes verbales, et le vote de décisions auxquelles on peut donner une forme publique écrite. Les dieux sont évoqués en tête des plus anciens décrets, mais ce sont les hommes réunis en assemblée ou en conseil qui décident.

Parmi les Grecs, les Athéniens ont inventé la tragédie, ce « fait social total », comme aurait dit Marcel Mauss, à la fois esthétique, littéraire et religieux.

Faut-il ajouter : politique ? Tout dépend de la façon dont on utilise ce mot. S'il s'agit de dire que le spectacle tragique, comme d'ailleurs le spectacle comique ou celui que symbolisait ce genre hybride : le drame satyrique, sont choses publiques, on se borne à constater une évidence. Même si la Comédie française ou la Royal Shakespearian Company sont des institutions publiques de la République française ou du Royaume-Uni, ce n'est pas à l'ensemble du peuple que s'adressent leurs spectacles, même s'ils sont subventionnés par les Etats. Nos théâtres, fussent-ils « olympiques » comme celui de Vicence, ne sont pas faits pour les foules.

Une autre question est celle qui consiste à se demander si une représentation tragique peut être un événement politique. Il en fut indiscutablement ainsi en 492 lorsque Phrynichos, prédécesseur d'Eschyle, fit représenter *La Prise de Milet,* deux ans après la chute de la cité entre les mains de Darios ; le peuple-spectateur, à ce que raconte Hérodote (VI, 21), fondit en larmes à l'évocation de cette infortune, mais le peuple-législateur « frappa le poète d'une amende de 1 000 drachmes pour avoir évoqué un malheur national, et défendit à l'avenir toute représentation de sa pièce ».

C'était là affirmer avec vigueur le principe de la mise à distance, du moins quand il s'agissait d'un malheur. Il n'en fut pas de même en 472, lorsque Eschyle fit représenter les *Perses* qui évoquaient non la défaite, mais le triomphe d'Athènes. Encore faut-il noter que cette dernière pièce est *la seule* dans l'ensemble des œuvres qui nous ont été conservées à évoquer un événement contemporain. Partout ailleurs le monde est celui de l'épopée, des poèmes homériques, bien entendu, mais tout autant des épopées perdues, du cycle troyen ou du cycle thébain.

Un autre exemple, à vrai dire plus douteux, d'un rôle proprement politique d'une représentation tragique rapporté par l'*Argument* I de l'*Antigone*, dit d'Aristophane de Byzance, qui reproduit un « on-dit » selon lequel c'est la gloire apportée à Sophocle par la représentation d'*Antigone* qui lui aurait valu son élection à la stratégie en 441. Cela est discutable, car Sophocle, deux ans avant cette élection, avait fait partie du collège des « hellénotames », des « trésoriers choisis pour administrer la caisse qu'alimentaient les tributs des alliés »[1]. Tout au plus peut-on parler d'un coup de pouce à un destin déjà bien engagé.

Giraudoux parlait des *Cinq Tentations de La Fontaine*. J'aurais tendance à parler des trois tentations majeures qui menacent l'interprète des tragédies athéniennes. La première est celle du « réalisme ». Peut-on identifier le serpent qui mordit Philoctète et donna une odeur abominable à son pied ? Peut-on dire

forme en 1967 et repris en 1972 dans notre livre commun *Mythe et tragédie* I, Vernant avait montré qu'Œdipe ne pouvait pas, quant à ses rapports avec Jocaste, être affecté par le complexe auquel Freud donna tant de retentissement, puisqu'il avait été élevé non par sa mère biologique mais par Méropè à Corinthe. A quoi il lui fut répondu, implicitement[3], qu'Œdipe ne pouvait pas avoir le complexe précisément parce qu'il était Œdipe. D'excellentes utilisations des concepts analytiques dues à Nicole Loraux en France et Froma Zeitlin aux Etats-Unis ont réussi à convaincre J.-P. Vernant lui-même.

Mais, par-delà cette querelle largement dépassée, il convient de rappeler, non pour sa valeur historique, qui est médiocre, mais pour sa valeur symbolique qui est immense, l'échange entre le vieux Solon et Thespis, tel que le rapporte Plutarque (*Solon*, 29, 6-7), après une des premières représentations tragiques : « N'est-ce pas honte, dit le législateur, de proférer de tels mensonges devant tant de spectateurs ? Thespis répondit qu'il n'y avait aucun mal à parler et à agir ainsi puisque c'était un jeu. Alors Solon frappa violemment la terre de son bâton et déclara : Si nous honorons ce genre de jeu, nous le retrouverons bientôt dans les conventions qui nous lient[4]. » Ce que veut dire Solon, posant la question fondamentale du statut du fictif, est que si l'on tolère au théâtre la présence de la fiction tragique, le mensonge risque de s'introduire dans les actes officiels de la cité d'Athènes.

Forçons un peu le trait. Il est difficile aujourd'hui d'imaginer à quels excès la recherche du « réel » a poussé certains esprits à la fin du XIXe siècle et au début du XXe. Voici un exemple que j'emprunte à un livre important de Mirko Grmek sur les maladies dans l'Antiquité[5].

On sait par la *Vie* antique de Sophocle (15) que celui-ci, mort en 406/405, peu après l'affaire des Arginuses, a été inhumé dans le tombeau familial sis à 11 stades (un peu moins de 2 kilomètres) des remparts, en direction de Décélie. L'auteur de la *Vie*, qui a manifestement mélangé plusieurs traditions, ajoute que, selon certains « on-dit », Dionysos en personne aurait ordonné au Lacédémonien Lysandre, futur vainqueur d'Athènes, de laisser passer le cortège funèbre. Sur le tombeau figurait une sirène de bronze, excellent symbole pour un poète qui avait enchanté les foules athéniennes et ne fut jamais classé troisième dans une compétition où il n'y avait que trois concurrents.

Où était situé ce tombeau ? A Colone, pensa-t-on, mais on n'y trouva rien. D'où l'hypothèse formulée par un fonctionnaire danois, L. Münter, que le tombeau ne se dressait pas sur la route de Décélie, mais à 11 stades de Décélie, forteresse athénienne alors occupée par les Lacédémoniens. Bien entendu, il trouva ce qu'il cherchait, un sarcophage de marbre contenant un squelette mâle, celui d'un homme assez âgé. C'est ainsi que le « crâne de Sophocle » fut envoyé à Berlin, puis à l'Exposition universelle de Chicago, avant de reposer dans un musée de Copenhague. A Berlin, ce crâne fut l'objet d'une étude de l'anthropologue Rudolph Virchow, publiée en mai 1893. Ce crâne était asymétrique à cause de l'aplatissement de sa partie postérieure gauche (plagiocéphalie). Selon Virchow, « d'après les conceptions modernes [en 1893], on pourrait en déduire une prédisposition pour des activités criminelles ». Le tout étant, bien entendu, de savoir si l'écriture tragique était un crime. Réalité, quand tu nous tiens…

* *

*

Venons-en maintenant à la deuxième tentation, celle de l'actualisation politique. Empruntons pour cela des chemins plus accessibles. Quelles sont, en dehors de son œuvre, les clefs dont nous disposons pour interpréter les attitudes politiques d'Eschyle ? Il y en a deux. En 472, lorsque le poète fait représenter la tétralogie dont les *Perses* sont la deuxième pièce, il a pour chorège – le chorège est un riche Athénien qui prend en charge les frais d'une représentation théâtrale – le jeune Périclès, alors âgé d'une vingtaine d'années. Quatre ans auparavant, Phrynichos avait fait représenter les *Phéniciennes*, long lamento sur la défaite des Perses, avec comme chorège Thémistocle, l'homme politique qui avait mis Athènes à l'abri de son « rempart de bois », c'est-à-dire de sa flotte. Dans un cas comme dans l'autre, les deux poètes se situent clairement du côté que l'on peut appeler démocratique puisque confiant le salut d'Athènes à sa flotte, à ses marins, bientôt à son empire maritime. Tel fut donc Eschyle au « début » de sa carrière dramatique. Les *Perses* sont la pièce la plus ancienne que nous ayons conservée de lui. Périclès lui-même était alors l'adjoint d'Ephialte, chef du parti démocratique. Cela au moins est clair.

Plaçons-nous maintenant à l'époque de la mort d'Eschyle, dans la cité sicilienne de Géla en 456. Pausanias, dans son célèbre guide (I, 14, 5), nous dit : « Eschyle, qui avait gagné tant de gloire par sa poésie et par sa participation aux batailles navales de l'Artémision et de Salamine, quand il vit approcher la mort ne mentionna pas ces batailles et écrivit simplement son nom, le nom de son père, celui de sa cité[6], et ajouta qu'il attestait comme témoins de sa valeur la baie de Marathon et les Perses qui y débarquèrent. » Effectivement, la *Vie* d'Eschyle[7] nous explique

19

que les gens de Géla, en Sicile, ensevelirent Eschyle aux frais de la cité et inscrivirent sur sa tombe : « Ce monument contient Eschyle, fils d'Euphorion, Athénien, qui s'éteignit dans Géla riche en blé ; le célèbre emplacement sacré de Marathon et le Mède à la longue chevelure peuvent attester, en connaissance de cause, sa valeur. »

Cette fois-ci encore, les choses sont claires, mais en sens inverse. Choisir aussi explicitement Marathon contre Salamine, la république des hoplites contre la république des marins, est un choix idéologique et politique. Il en est ainsi au Ve siècle à Athènes, et ce débat s'est longtemps prolongé[8]. Ce texte, s'il est bien authentique, et le commentaire qu'en donne Pausanias prouvent que, à la fin de sa vie, Eschyle se rangeait dans le camp conservateur, mais ce fait ne nous dit rien sur l'attitude politique d'Eschyle pendant les années soixante-dix, ni même au début des années cinquante. Peut-on, sur ce point crucial, tirer quelque chose des pièces elles-mêmes ?

Commençons par les *Perses*[9]. Au centre de la pièce, il y a naturellement le récit du Messager et l'exaltation de la victoire navale, essentiellement athénienne, de Salamine. C'est sur Athènes que la vieille Reine interroge le Chœur (231). Le Messager le dit : « Les dieux sauvegardent la cité de Pallas » (347). Pourtant, dans le détail, les choses sont plus complexes. Prenons les armes qui symbolisent les deux camps. Ce ne sont pas les navires phéniciens ni les navires grecs, mais l'arc et la lance (146-148). Dans le songe de la Reine, des deux femmes qui repré-sentent la Perse et la Grèce « l'une est parée de robes perses, l'autre de robes doriennes » (182-183). Ce n'est qu'aux vers 278-279 que le Messager oppose l'arc aux bateaux de choc, et c'est au vers 460 que l'arc gagne la partie, mais c'est un arc grec. Inversement, c'est derechef la « lance dorienne » qui triomphera à Platées (818). Et si le dernier cri de Xerxès (1075-1076) est pour pleurer sur la perte de ses navires, on peut dire que, dans l'ensemble, Eschyle a su habilement respecter l'équilibre entre le triomphe d'Athènes et celui de la Grèce tout entière. Aucune allusion n'est faite à ceux qui « médisèrent » comme les Thébains ou comme certaines cités grecques d'Asie mineure. Eschyle n'est pas Hérodote. Il est un politique, il n'est pas un historien, même si son récit de Salamine est pour nous, historiens, une source fondamentale. Eschyle n'a pas fait représenter sa tragédie à notre intention.

L'*Orestie,* seule trilogie conservée en son entier, pose un problème beaucoup plus compliqué. J'insiste sur ce point, parce que le *Prométhée*, par exemple, pourrait, si on le pensait hors de la trilogie qui a été perdue, passer pour une apologie du dieu-artisan contre Zeus, ce qu'il ne fut certainement pas dans l'esprit de son auteur. Il faut le lire de très près pour deviner ici ou là l'annonce de la réconciliation finale entre le Titan fils de Japet et le dieu fils de Cronos.

Chacun est d'accord pour dire que le final de l'*Orestie*, le jugement et l'acquittement d'Oreste, grâce à l'ultime intervention d'Athéna, font référence, en 458, à l'importante réforme d'Ephialte, en 462, qui mit un terme au rôle de l'Aréopage comme Conseil de gardiens des Lois, limitant ses fonctions à celles de Tribunal chargé des crimes de sang, tandis que la *Boulè*, tirée au sort, devenait, aux côtés de l'*Ekklésia* – l'assemblée populaire –, le seul organe délibératif ayant une fonction politique. Chacun admet aussi qu'il s'agissait d'une réforme profondément démocratique, qui suscita assez de troubles pour que son instigateur, Ephialte, soit assassiné l'année suivante, laissant ainsi la place de leader du parti démocratique à Périclès.

Cela dit, pouvons-nous passer de la lecture des *Euménides* à une information sur l'attitude personnelle d'Eschyle ? En d'autres termes, pouvons-nous deviner, grâce au texte des *Euménides*, comment Eschyle vota, s'il vota, lors de la session de l'*Ekklésia* qui entérina la réforme d'Ephialte ? Il est frappant de constater que les interprètes se divisent en deux camps. Les uns admettent qu'Eschyle est un partisan de la Réforme – tel est le cas, par exemple, de Paul Mazon ; les autres estiment au contraire qu'Eschyle était un *laudator temporis acti*, un partisan de la tradition. Les uns et les autres peuvent avancer des arguments. Il est certain qu'un Conseil qui juge Oreste n'a rien qui le disqualifie pour intervenir dans la vie de la cité. Après tout, Athéna établit le Tribunal

de la ruine, était à l'œuvre. Ainsi Alcibiade étudié dans un chapitre intitulé « The lion's cub », le lionceau. Alcibiade, tel que le voit Thucydide, n'est-il pas un aventurier qui séduit Athènes avant de l'entraîner au désastre de Sicile, de s'exiler et de revenir avec des fortunes diverses ? L'exemple vient d'Aristophane dans les *Grenouilles* (406), texte capital puisqu'il nous prouve que, dès cette date, il y a trois grands tragiques et trois seulement : Eschyle, Sophocle et Euripide. Dionysos consulte Eschyle et Euripide sur l'opportunité de rappeler Alcibiade. Euripide dit sèchement non. Eschyle répond par une formule métaphorique : « Mieux vaut ne pas élever de lion dans la cité, mais, si on l'a fait, le mieux est de le flatter » (*Grenouilles*, 1430-1432). Ces vers sont une allusion limpide au célèbre chœur de l'*Agamemnon* (717-738) : « Un jour un homme dans sa maison/ adopta un lionceau encore à la mamelle qu'il sevra./ Les prémices de sa vie furent engageantes./ Ami des enfants, joie des vieillards,/ il mangeait dans les bras comme un bébé,/ guettant joyeusement la main,/ les appétits du ventre le rendant caressant./ Mais le temps vint où il montra son caractère/ héréditaire : et pour récompenser/ ceux qui l'avaient nourri,/ sans qu'on le lui demande, dans un massacre de moutons,/ il se fait un festin[12]. »

Bien entendu, ce chœur n'a aucun rapport avec Alcibiade, qui n'était pas né en 458, mais Aristophane était peut-être un meilleur lecteur d'Eschyle que beaucoup de nos critiques contemporains. Mais qui donc, dans l'*Agamemnon*, est comparé à un lion ? Pâris et Hélène[13], assurément, qui avoisinent directement ce chœur, mais aussi Agamemnon, ce roi voué au désastre et à la mort, comme l'a montré Bernard Knox dans un article célèbre[14]. C'est là pour Eschyle une façon de soulever tout

longtemps été fasciné par ce livre. Je l'admire toujours, mais je le tiens aujourd'hui pour une meilleure histoire d'Athènes qu'il n'est une interprétation d'Euripide. Prenons un exemple : R. Goossens interprète le *Rhésos* d'Euripide, qu'il date de 425, et qui est une transposition sur la scène du chant X de l'*Iliade* : Ulysse et Diomède capturent nuitamment Dolon, un espion troyen dont le nom signifie le rusé et qui est déguisé en loup, et, informés par lui, massacrent une armée de guerriers thraces, conduits par leur roi Rhésos. Pour Goossens[16], derrière Troie il faut lire Athènes, derrière Rhésos il faut lire le roi thrace Sitalkès avec lequel Athènes conclut, au début de la guerre du Péloponnèse, une alliance, et derrière Hector rien moins que Périclès. Reste que cette interprétation se heurte à une énorme difficulté : la quasi-totalité des exégètes considèrent aujourd'hui le *Rhésos* comme n'étant pas une œuvre

l'inverse, du reste, Thucydide ne cite pas une seule fois les grands tragiques, et Hérodote mentionne une seule fois Eschyle (II, 156). Il faudra attendre les orateurs du IVᵉ siècle pour trouver, dans la prose attique, des citations d'Euripide.

Reste que l'on peut utiliser Euripide pour tracer une histoire *politique* d'Athènes. Je vais en donner un exemple qui m'obligera à faire une digression.

Une de nos difficultés quand nous tentons d'écrire l'histoire politique de l'Athènes démocratique est que, si nous savons que, entre les temps de Solon et Clisthène au VIᵉ siècle et ceux de Cléon et Cléophon à la fin du Vᵉ siècle, Athènes a été le terrain par excellence de l'activité politique, la littérature athénienne a mis autant de génie à rendre obscure cette activité que la cité en a mis à l'inventer.

Donnons quelques exemples. Nous savons, à la fois par des sources « historiques » (principalement Thucydide) et par du matériel documentaire (pour l'essentiel, les fouilles américaines de l'Agora d'Athènes) qu'il y eut des affrontements entre leaders politiques que l'institution de l'ostracisme permit de régler, restaurant ainsi la concorde civique. Nous connaissons aussi l'existence de débats importants au sein de l'Assemblée populaire : faut-il ou non envoyer la flotte et l'armée en Sicile, faut-il ou non tuer tous les citoyens de Mytilène pour crime de défection hors de l'empire d'Athènes ? Ces décisions, comme le disait Cornelius Castoriadis, étaient aussi importantes que celles que doivent prendre aujourd'hui nos démocraties, ou plutôt, comme le disait encore Castoriadis, nos « oligarchies libérales » : faut-il ou non envoyer un homme dans la lune, faut-il ou non, ajouterai-je aujourd'hui, envoyer une force d'interposition entre Israéliens et Palestiniens ? Or, à quelques exceptions près, nous savons bien peu de choses sur les facteurs déterminants qui conduisirent à ces décisions.

De plus, le tableau qui résulte des sources historiques est souvent fort différent de celui que procurent les sources archéologiques. Prenons l'exemple, symbolique entre tous, de l'ostracisme. Les fouilles américaines de l'Agora ont donné des résultats surprenants. Si on y rencontre bien les noms d'Aristide et de Thémistocle, de Périclès et de Thucydide fils de Mélésias, deux noms absolument inconnus y figurent en abondance : Ménon fils de Ménocléidès et Callixenos fils d'Aristonymos (ce dernier appartenant peut-être à la famille des Alcméonides). L'un et l'autre ne sont pas nommés par les historiens.

Thucydide, Xénophon, Ephore et, à sa suite, Diodore, sélectionnaient leurs informations. Nous ignorons presque tout de leurs critères de choix. Les grands débats nous sont connus tels que Thucydide les a sélectionnés et certainement pas d'après la sténographie, inconnue à l'époque. Par exemple, dans le débat sur Mytilène, au livre III de Thucydide, nous connaissons le nom de deux orateurs seulement : Cléon, qui est abondamment caricaturé par Aristophane, et Diodote qui, en l'espèce, apparaît comme le porte-parole de l'historien, mais qui est totalement inconnu des autres sources, qu'elles soient épigraphiques ou historiques. Mais, à l'inverse, Sophocle et Euripide ne sont jamais mentionnés par Thucydide. Il faudra attendre le III⁰ siècle et la grande inscription chronologique dite *Marbre de Paros* pour que les victoires des grands tragiques fassent partie de l'histoire d'Athènes.

Il y a plus troublant : nous ne savons à peu près rien des joutes électorales qui se déroulaient à Athènes. Certes, de très importantes magistratures, à commencer par les archontes, étaient tirées au sort, mais ce n'était pas le cas des stratèges. Nous savons que Périclès perdit sa fonction de stratège après les premiers échecs de la guerre du Péloponnèse, mais nous ignorons tout du scrutin qui le démit de ses fonctions, comme d'ailleurs de celui qui l'y rétablit. Il est rare que nous entendions un bruit de foule. Ce fut pourtant le cas en 406, lors du procès des généraux de la bataille des Arginuses (*Helléniques*, I, 7, 12), lorsque la foule s'écria que c'était "un scandale d'empêcher le peuple de faire ce qu'il veut". D'une manière générale, alors que nous savons par de multiples sources, aussi bien les inscriptions de Pompéi que la *Correspondance* de Cicéron, comment se passait une campagne électorale à Rome – nous avons même, sous le stylet du frère de Cicéron, Quintus, un petit manuel du parfait candidat –, nous ne savons rien de tel pour l'Athènes du

que tu étais, tu étais devenu inaccessible, et rare derrière ta porte[18]. » Que manque-t-il à ces vers pour qu'ils soient une description « réaliste » d'une « campagne électorale » ? Simplement la mention d'une candidature rivale de celle d'Agamemnon. Quant à la date, Euripide est alors en Macédoine et l'*Iphigénie à Aulis* est une œuvre posthume.

Ce n'est pas tout à fait un hasard si ce jeu de l'allusion politique trouve une certaine légitimité chez Euripide, auteur « moderne » s'il en fut, et qu'Aristophane dénonce et plagie avec un art très sophistiqué du contresens que nul n'égalera jamais. Ce n'est pas un hasard non plus si l'on trouve dans l'*Oreste* d'Euripide (que le Scholiaste date de 408) un débat qui, sous couleur d'une assemblée grecque chargée de juger Oreste et sa sœur Electre, présente une caricature d'assemblée athénienne avec quatre orateurs (dont deux anonymes) plaidant le pour et le contre, ce qui est le double de ce qu'on peut lire dans Thucydide et, de même, dans les *Euménides*, où les orateurs s'appellent, d'une part, Apollon et, de l'autre, la porte-parole des Erinyes. A Argos, Oreste lui-même, mais non Electre, qui sera condamnée avec lui, présente leur commune défense. Ce qui est intéressant dans la pièce d'Euripide, c'est qu'une allusion au moins est explicitée par le Scholiaste. On lit aux vers 902-906 : « Alors se leva certain personnage à la langue effrénée, puissant par son audace, un Argien sans l'être, entré de force en la cité, confiant dans l'éclat de son verbe et la grossièreté de son franc-parler, assez persuasif pour plonger un jour les citoyens dans quelque désastre[19]. »

Il s'agit très précisément, nous dit le Scholiaste, du démagogue Cléophon, belliciste extrémiste en ces dernières années de la guerre du Péloponnèse. Que le narrateur, le Messager, rapporte que l'anonyme est un « Argien sans

l'être », c'est-à-dire un homme fraudu-
leusement inscrit sur les listes de citoyens
dira Eschine (*Sur l'Ambassade*, 76),
annonce très précisément les débats sur
la citoyenneté qui feront les beaux jours
des joutes oratoires du IVe siècle. Enfin
l'ultime orateur, anonyme, est un
autourgos, un paysan propriétaire qui
cultive lui-même sa terre. Sur ce point,
sur l'importance à la fin du Ve siècle du
thème de la « République des paysans »,
comme l'appela R. Goossens[20], on ne
peut que donner raison au savant belge.
Voilà, à mon avis, dans quelles limites
on peut repérer chez Euripide poète
tragique un commentateur de l'actualité.

L'étrange dans cette affaire est que
rien, absolument rien, ne nous indique
dans les notes biographiques concernant
Euripide qu'il se soit personnellement
mêlé de politique. Son destin a quelque
chose de paradoxal. Aristophane en fait
un misogyne par excellence, alors que
les féministes anglaises au début du XXe

pation à la vie politique ne fit pas de Sophocle un expert. C'est ce que dit de lui son contemporain Ion de Chios : « En matière politique, il n'était ni habile ni particulièrement pénétrant, il était comme un quelconque Athénien de qualité », comprenons : riche et conservateur. Homme pieux, il fut membre du groupe qui rendait un culte à un héros-médecin, Amynos (le Secoureur), et en 421 il fut, au temps de la paix de Nicias, l'homme qui offrit sa maison pour loger la statue d'Asclépios que les Athéniens avaient déménagée d'Epidaure. Après sa mort, il reçut l'honneur suprême de l'héroïsation. Il devint Dexios, l'Accueillant.

Quelque chose de ce cursus passe-t-il dans son œuvre tragique ? A mon grand regret, je dois répondre que non, ou si peu. Que gagne-t-on à soutenir que les plaintes de Tecmesse dans l'*Ajax* contre le destin malheureux des concubines étrangères et de leurs bâtards sont une protestation contre la célèbre loi de

réflexion désabusée sur l'audace impérialiste d'Athènes et son échec[24], sur le rationalisme athénien et son impuissance. Que l'homme tragique soit décrit comme fragile est incontestable. Mais s'agit-il plus particulièrement de l'homme impérialiste athénien ? Je ne le crois pas. L'ultime pièce de Sophocle, l'*Œdipe à Colone*, ne met pas le moindre bémol à son éloge d'Athènes, y compris de l'Athènes maritime qui avait pourtant fait échouer la contre-révolution de 411, et que gagne-t-on à voir dans le *Philoctète*, ce portrait d'un exilé qui souffre, une allusion à l'exil d'Alcibiade ?

Décidément, à quelque niveau qu'on se situe, la tragédie de Sophocle n'est pas la tragédie politique d'Athènes. Cette tragédie-là, c'est Thucydide qui l'a décrite, non Sophocle. Eschyle a dépeint la bataille de Salamine. Sa description, antérieure de plusieurs décennies à celle d'Hérodote, reste notre source historique principale, même si

Eschyle n'a pas composé sa narration à notre intention, mais à celle des spectateurs de 472. Euripide reporter et auteur tragique a multiplié les allusions, même si on lui en a prêté trop et si la distanciation ne lui était pas étrangère. Il y a chez Sophocle une hauteur de ton qui rend pratiquement impossible toute interprétation actualisante.

* *
*

Il est une troisième tentation qu'on pourrait appeler la tentation de l'actualisation moderne. Elle comporte une part d'inévitable. Comme le savent tous les historiens, le dialogue avec le passé suppose toujours un départ à partir du présent. On n'interroge pas le passé de la même façon en 1830 et en l'an 2000. On n'interroge pas non plus de la même façon une tragédie antique et un texte d'Hérodote, même s'il existe dans l'œuvre d'Hérodote des séquences tragiques. Les auteurs d'une récente traduction de l'*Antigone* de Sophocle écrivent dans leur avant-propos : « Depuis qu'on ne déclame plus [le théâtre grec] afin de produire l'émotion et le pathétique, le mythe s'est substitué à l'emphase, et maintenant c'est lui qui prévaut despotiquement sur le texte. Or Antigone n'est pas un mythe, mais un personnage inventé et complexe[25]. » Mais qui donc a jamais soutenu qu'Antigone était un mythe ? En tout cas pas les auteurs de *Mythe et Tragédie*, qui savent bien que le récit mythique est mis en question par les auteurs tragiques, mis en question, c'est-à-dire mis à distance.

Cela dit, fort heureusement les tragédies ne sont pas lues que par les historiens et les philologues. Elles font aussi partie de notre présent à tous. Pour en faire quoi ? Dans ce domaine, Euripide a beaucoup donné, donné aux féministes avec *Médée*, aux ennemis de la guerre étrangère, voire de la guerre coloniale avec les *Troyennes*. Rien n'égale cependant le destin incroyable d'*Antigone*. Il importe peu que j'aie lu cette pièce à une époque où les « lois » de Créon étaient celles de l'occupant nazi. Il importe beaucoup que, de traductions plus ou moins fidèles en adaptations plus ou moins libres, on puisse faire à travers l'*Antigone* l'histoire de la conscience européenne[26].

La liberté dans ce domaine est et doit être totale. L'*Antigone* d'Anouilh, par exemple, a été jouée en février 1944, donc sous l'occupation allemande, comme *Les Mouches* de Sartre. J'ai personnellement vu la pièce à l'automne 1944, après la Libération. Deux lectures antagonistes ont pu en être données, toutes les deux légitimes si on les situe dans l'œuvre d'Anouilh et dans le comportement politique de ce dramaturge. L'interprétation « résistante » fait d'*Antigone* une variation sur le thème de *la Jeune Fille sauvage*, pour citer le titre d'une des premières pièces d'Anouilh. L'interprétation pro-allemande fait de Créon une sorte de Pierre Laval qui, à la fin du drame, réunit le Conseil des ministres. Ces deux interprétations sont possibles parce que Jean Anouilh est un authentique homme de théâtre. Mais cette fin de la pièce est aussi étrangère que possible à la fin de la pièce de Sophocle – fin dans laquelle Créon dit : « Tout vacille dans mes mains, et, sur ma tête, un destin insupportable a fondu. » C'est le Coryphée qui, quelque vers avant la fin, prononce ces mots qui ont pu inspirer Anouilh : « Maintenant, il faut s'occuper de ce qu'il y a à faire. Il y a des gens à qui incombe ce souci[27]. »

Quatre ans après l'*Antigone* d'Anouilh, c'est le 15 février 1948 qu'est donnée à Coire dans les Grisons, en Suisse, la première représentation de l'*Antigone* d'Eschyle où Xerxès avait quelque chose d'Adolf Hitler et Darios devait beaucoup à l'image du grand Frédéric.

Oserai-je le dire ? Ce qui, à mes yeux, fait écho à la tragédie athénienne, n'est pas telle ou telle pièce de théâtre, mais bien cette série de représentations *politiques* à l'usage des masses que furent les procès de Moscou dans les années 1936-1938 ou de Budapest, Sofia et Prague, sans oublier Tirana, à la fin des années 40 et au début des années 50.

La différence est évidente. Ces procès se terminent par une balle dans la nuque ou une corde autour du cou. Mais où est la ressemblance ? Il s'agit de grands personnages de l'Etat que l'on montre au peuple et que l'on brise. La dimension théâtrale est manifeste. Chaque acteur, accusé, procureur, président, avocat, joue un rôle qu'il a appris par cœur au cours des semaines ou des mois qui précèdent. Si un acteur s'écarte de son texte, comme cela arriva à Sofia au

gradins du théâtre. Un mur invisible sépare les acteurs et les choreutes qui évoluent autour de la *thymélè*, de l'autel de Dionysos, des spectateurs. Aucun dialogue direct n'existe entre les uns et les autres. Il ne s'agit pas d'une impossibilité matérielle, puisque la comédie peut représenter l'*Ekklésia* – pensons, par exemple, à l'*Assemblée des femmes* –, et que, dans la *parabase,* le Coryphée s'adresse au peuple athénien[29]. On peut faire allusion à l'*Ekklésia* ou au moins à une masse de citoyens. Ainsi, dans les *Trachiniennes* de Sophocle (422-423), lorsque le Messager prend Lichas, le héraut menteur, en flagrant délit d'avoir dit une chose à un nombre énorme de citoyens réunis sur l'Agora et autre chose à Déjanire, la femme légitime d'Héraclès. De même, au début des *Sept contre Thèbes* et au début de l'*Œdipe-Roi,* le personnage principal s'adresse à des figurants qui représentent des

Thébains : « Concitoyens de Kadmos »,
lit-on au vers 1 des *Sept,* « Enfants du
vieux Kadmos », entend-on au vers 1
de l'*Œdipe-Roi,* mais ces personnages,
appelés à disparaître, ne sont pas réunis
en *assemblée,* même si, dans la pièce
de Sophocle, les jeunes gens, les
vieillards et le « reste de la cité » sont
présents, à genoux ou assis.

Il y a à vrai dire deux descriptions
d'une assemblée du peuple dans le
théâtre tragique. La première est
l'assemblée du peuple d'Argos qui, dans
les *Suppliantes* d'Eschyle (vers 464),
votent à l'unanimité un décret donnant
aux Danaïdes le statut de métèques
(600-624). C'est à cette occasion que,
pour la première fois dans la littérature
grecque, le mot *dèmos* et le verbe *kratein*
sont rapprochés (604). La majorité
simple était nécessaire, mais c'est
l'unanimité qui a prévalu, selon la règle
qui veut que ce qui a été décidé par la
majorité vaut pour l'unanimité.

La seconde assemblée qui, elle, est au contraire fort disputée, c'est l'assemblée d'Argos, dont j'ai déjà dit deux mots, dans l'*Oreste* d'Euripide (866-956). Il s'agit, répétons-le, d'une caricature de l'assemblée d'Athènes, prononçant la peine de mort contre Oreste et Electre, sans toutefois pousser jusqu'à la lapidation. Le frère et la sœur auront le droit d'exécuter eux-mêmes le verdict, l'homme par le glaive, la femme par le lacet. Référence est faite très explicitement à l'assemblée réunie par Danaos et évoquée dans les *Suppliantes* d'Eschyle. Les deux assemblées, en un sens, n'en font qu'une.

Le cas du Conseil, de la *Boulè*, est complexe. La *Boulè* démocratique, tirée au sort, n'est jamais évoquée directement. Tout au plus, peut-être, Paul Mazon a-t-il raison de traduire τὸ δήμιον, au vers 698 des *Suppliantes* d'Eschyle, par le Conseil. Mais il est impossible de savoir s'il s'agit de la *Boulè* démocratique ou du Conseil de l'Aréopage, « pouvoir prévoyant qui pense pour le bien de tous ». On est parfois tenté d'identifier avec le Conseil le chœur, au moins lorsqu'il n'est pas, comme c'est souvent le cas, composé de femmes, déesses, citoyennes ou esclaves. Assez paradoxalement, ce qui ressemble le plus à une *Boulè,* c'est le groupe de « conseillers pleins de bon vouloir » qui apparaît dès le début des Perses et à qui Atossa demande des « conseils utiles » (172-175). Encore faut-il noter que les choreutes, lorsqu'ils sont des hommes, sont des vieillards, alors qu'on pouvait très bien être bouleute à Athènes dès l'âge de trente ans.

Ce qui est surtout frappant, c'est l'impuissance politique du chœur, quelle que soit sa composition. Il accompagne les héros, il ne les devance pas. Très souvent, par exemple dans l'*Antigone* de Sophocle, il dit aux uns et aux autres qu'ils ont très bien parlé. Un exemple caricatural de cette impuissance se trouve dans l'*Agamemnon*, pendant et après le meurtre du roi et de Cassandre. « Le crime est accompli : croyez-en les plaintes du roi ! Allons, amis, réunissons ici de sûrs conseils. – Mon avis, le voici : crier aux citoyens : "A l'aide ! ici, tous ! au palais !". – Et le mien : y bondir nous-mêmes au plus vite et surprendre le crime, l'épée sanglante encore. – Oui, je partagerai tout avis de ce genre : agir d'abord, ce n'est plus l'heure d'hésiter. – On peut attendre et voir. Ce n'est là qu'un début, l'annonce de la tyrannie qu'ils préparent à la cité. – Parce que nous balançons ! Eux foulent aux pieds la gloire d'hésiter et ne laissent pas s'endormir leurs bras. – Je ne sais vraiment quel conseil formuler ; même à qui veut agir il appartient de consulter d'abord[30]... »

L'exemple est extrême, et un commentateur a pu soutenir que le chœur des *Choéphores* d'Eschyle montre des signes d'activité[31]. Certes, il est clair, pour rester dans l'*Orestie*, que les Erinyes – devenues Euménides – sont parties dans le débat ; mais si elles deviennent à Athènes des métèques privilégiées, elles n'ont aucune part aux décisions de la cité, et telle est la règle générale.

Le seul Conseil qui prenne une décision dans la tragédie est le premier Conseil de l'Aréopage qui, sous la présidence d'Athéna, délibère et vote sur le sort d'Oreste dans les *Euménides*. Encore faut-il préciser que seule Athéna, c'est-à-dire, en l'espèce, Athènes, a la parole. Les Aréopagites sont des figurants muets. Si je comprends bien le texte – mais il y a discussion –, les hommes, si j'ose dire, condamnent Oreste à une voix de majorité. C'est le vote d'Athéna qui aboutit à l'égalité des suffrages, et ce suffrage est prépondérant. Dans les tribunaux institutionnels le nombre des juges est toujours impair, ce qui évite précisément le risque d'égalité des suffrages. Peut-on assimiler à une décision le vote de ces muets ?

Ceux qui prennent des décisions dans la tragédie, souvent pour le pire, rarement pour le meilleur, ce sont les héros. Sont-ils des magistrats ? Oui et non. Dès le vers 8 de l'*Antigone*, Créon est appelé *stratègos*, général[32], mais si Créon joue en apparence le jeu de la légitimité politique, il en viole en profondeur les règles, comme le prouve aussi bien son dialogue avec Antigone que son dialogue avec Hémon, sur lequel je reviendrai. Est-il un magistrat face à des citoyens ? En aucune façon. Quand le garde vient lui présenter son rapport sur l'ensevelissement du cadavre de Polynice, cet homme ne se conduit pas en citoyen, mais en esclave faisant son rapport au Roi (*anax*, 223) et, sachant qu'il risque la peine de mort, le malheureux garde a dialogué avec lui-même et discuté avec ses camarades. Il a été tiré au sort (275) ; il ne s'agit pas là du jeu normal des institutions démocratiques mais d'un hasard fâcheux que l'on peut comparer au faux tirage au sort dont est victime le barbier juif dans *Le Dictateur* de Charlie Chaplin.

Il est cependant des personnages qui jouent le jeu régulier des institutions, même s'ils sont des rois. Comme par hasard ce sont souvent des rois d'Athènes, ainsi Egée dans la *Médée* d'Euripide, son fils Thésée dans l'*Œdipe à Colone* de Sophocle, qui se comporte en roi démocrate, son petit-fils Démophon dans les *Héraclides* d'Euripide. Dans les trois cas, ce sont des rois qui accueillent des étrangers, Médée, Œdipe, les enfants d'Héraclès. Tel est aussi le cas du roi d'Argos, Pélasgos, dans les *Suppliantes* d'Eschyle. C'est lui qui obtient de sa cité un vote en faveur des Danaïdes fuyant le fils d'Ægyptos. Le Thésée de l'*Hippolyte* d'Euripide est l'exception qui confirme la règle. Il prend à Trézène la mauvaise décision, celle qui voue son fils Hippolyte à la mort.

Quittons maintenant le domaine des institutions, dont on a vu à quel point elles sont biaisées, pour entrer dans le domaine de l'anthropologie politique, et donnons donc une définition de la cité grecque telle que peut la voir un anthropologue[33].

La cité grecque est un ordre humain qui a ses propres dieux, partagés pour une part avec ceux des autres cités, avec lesquels elle communique par l'intermédiaire du sacrifice ; elle est un espace sur la terre cultivée ayant, à ses frontières, la montagne ou le désert, où cheminent le berger et son troupeau, où s'entraîne l'éphèbe ; elle est un temps fondée sur la permanence des magistratures et le renouvellement des magistrats ; elle est un ordre sexuel reposant sur la domination politique des mâles et l'exclusion provisoire des jeunes ; elle est un ordre politique dans lequel s'insère plus ou moins facilement l'ordre familial ; elle est un ordre grec excluant les barbares et limitant la présence des étrangers, même grecs : elle est un ordre militaire où les hoplites l'emportent sur les archers, les troupes légères et même la cavalerie ; elle est un ordre social fondé sur l'exploitation des esclaves et la mise sur les marges de l'artisanat, sinon toujours des artisans. C'est la combinaison, l'action réciproque de ces inclusions et de ces exclusions, qui est l'ordre civique. Inversement, l'ordre – ou le désordre – tragique met en question ce que dit et croit la cité. Il conteste, déforme, renouvelle, interroge, un peu comme le rêve, selon Freud, procède avec la réalité[34]. La tragédie, dans son essence même, est passage à la limite.

Disons les choses autrement. Il ne faut pas chercher à voir dans la tragédie un miroir de la cité ; ou, plus exactement, si l'on veut garder l'image d'un miroir, ce miroir est brisé et chaque éclat renvoie tout à la fois à telle ou telle réalité sociale et à toutes les autres, en mêlant étroitement les différents codes : spatiaux, temporels, sexuels, sociaux et économiques, sans parler de cet autre code que constitue le système, largement imaginaire, des classes d'âge. Si les Athéniens avaient voulu un miroir aussi direct que possible de la société telle qu'ils la voyaient, ils auraient inventé non la tragédie mais la photographie ou le cinéma d'actualités. Ils ne l'ont pas fait, et le seul cinéma que nous ayons dans la littérature grecque est la caverne de Platon dans la *République*. Au début du *Timée*, ne voit-on pas Socrate exprimer l'idée que pour comprendre et développer les thèmes de la *République* il faut en mettre les personnages en mouvement ? La technologie contemporaine n'avait rien de la sorte à lui offrir.

Revenons donc à la tragédie et, plus précisément à ce qu'Angus Bowie, dans un livre récent, appelle « les filtres tragiques par lesquels passe l'histoire » (*Tragic filters for history*)[35]. Trouve-t-on dans les tragédies athéniennes de simples citoyens mobilisables comme hoplites c'est-à-dire ayant de vingt à soixante ans ? Je l'ai déjà indiqué d'un mot, à propos du garde de l'*Antigone*, la présence souveraine des rois est un obstacle à celle des citoyens. Trois chœurs sont composés de soldats ou de marins, celui de l'*Ajax*, celui du *Philoctète* et celui de cette tragédie étrange, le *Rhésos*, mais on ne peut pas dire qu'ils s'expriment beaucoup en tant que tels. Certes, les Grecs du récit de Salamine sont des citoyens et des patriotes grecs, mais ils ne s'expriment que par l'intermédiaire du Messager perse. C'est le héraut de l'*Agamemnon*, celui qui décrit les souffrances du soldat de base (551-582) qui est peut-être le plus proche porte-parole du citoyen mobilisable ; encore souligne-t-il forte-

éloge de l'arc par les déconvenues rencontrées par les hoplites, face aux troupes légères, dans les premières années de la guerre du Péloponnèse ? C'est l'hypothèse proposée par Roger Goossens. Il n'est pas question d'exclure cette explication. Mais elle ne vaut pas pour l'*Ajax* de Sophocle, et je pense qu'il faut tenir compte aussi du renversement tragique, et tout particulièrement de l'esprit de subversion tel qu'il se manifeste chez Euripide.

De toutes les tragédies conservées, celle qui dessine peut-être le mieux l'ambiguïté des rapports entre le théâtre tragique et la démocratie est sans doute l'*Antigone*. Nous avons, depuis Hegel, cessé de croire qu'elle oppose le culte des dieux de l'*oikos* et la raison d'Etat. Les deux domaines interfèrent, Créon parle aussi au nom des valeurs de la famille, et il arrive à Antigone de parler au nom de la cité. Les Thébains, dit-elle, « pensent comme elle, mais ils

orages de guerre il demeure à son poste [à côté de son compagnon de rang] en loyal et brave soldat » (668-671). Il y a là une allusion transparente au serment que prêtent les éphèbes de respecter la règle hoplitique : « Je n'abandonnerai pas mon compagnon de rang. » Le mot final de Créon : mieux vaut « succomber sous les coups d'un homme » que « de passer pour être aux ordres des femmes ».

Face à cette position de principe, Hémon va répondre (683-723) par un éloge de la démocratie murmurante : « Ton œil est terrible pour l'homme du peuple » (690), pour le *démotès*, le simple citoyen, membre d'un dème. « Voilà, dit-il encore, la rumeur obscure qui s'approche en silence » (700), et dans la stichomythie les deux hommes passent à l'injure politique. « La cité me dira ce que je dois donner comme ordre », et Hémon de répondre : « Tu vois, tu parles là tout à fait comme un trop jeune homme. » Voilà Créon réduit, aux yeux de son fils, à la condition d'éphèbe. Quant à Hémon, il est (756) « l'esclave d'une femme ». Mais c'est Créon lui-même qui est une femme aux yeux de son fils (741). Politiquement, Hémon rappelle la règle fondamentale : une cité n'appartient pas à un homme. Seul le logos réciproque est souverain (757). Tous les codes, politiques, sociaux, militaires, celui des classes d'âge enfin, se mêlent étroitement. Hémon n'est pas un simple citoyen, il est un prince, mais il fait entendre la voix des hommes du peuple et il y a là une percée capitale.

Ces hommes du peuple sont-ils des artisans ? Cela, Sophocle ne le dit pas. Dans tout le corpus tragique je ne vois guère qu'un artisan, encore est-il ligoté puis qu'il s'agit de Prométhée. Ici où là (par exemple dans la bouche de Créon) est dénoncée la soif de l'or, et Eschyle a tiré dans l'*Agamemnon* un parti magnifique de l'image du changeur qui, contre les hommes vivants et forts, rend des cendres (438-444) – une des premières apparitions de la monnaie dans la littérature grecque.

Quant aux commerçants, je n'en vois qu'un seul dans l'ensemble tragique, l'*emporos* qui vient apporter au jeune Néoptolème les instructions d'Ulysse dans le *Philoctète* de Sophocle. Savoir s'il est ou non Ulysse déguisé est sans importance puisqu'il s'agit d'un acteur, non d'un homme.

Et les étrangers ? Le mot « métèque » existe dans la littérature tragique[37], parfois avec le sens technique qui est le sien à Athènes, celui de l'étranger régulièrement domicilié. Ainsi Eschyle dans les *Sept contre Thèbes* (548) fait de Parthénopée un métèque à Argos. Il est implicitement suivi par Euripide (*Phéniciennes*, 1153)[38]. Mais qu'en est-il des Erinyes dans l'*Orestie ?* Dans l'*Agamemnon*, elles apparaissent (1189) comme un *kômos*, un cortège séjournant

athénienne est que sur les trente-trois drames athéniens (y compris le *Cyclope*, drame satyrique d'Euripide), tous écrits et représentés pour les Athéniens (et pour les étrangers séjournant à Athènes), quatre seulement sont censés se dérouler partiellement (les *Euménides*) ou totalement (*Œdipe à Colone*, les *Héraclides* et les *Suppliantes* d'Euripide) sur le sol attique. Et il est non moins remarquable que ces quatre tragédies concernent le jugement d'un étranger (Oreste) ou l'accueil d'un groupe d'étrangers menacé par ses concitoyens et suppliant Athènes de le recevoir.

Si nous prenons l'ensemble du corpus, on constate qu'il n'est pas un seul drame où l'opposition entre Grecs et Barbares ou entre citoyens et étrangers ne joue pas un rôle significatif. J'ai demandé à un ordinateur si le mot *xénos* ou les mots de sa famille étaient présents ou absents dans le corpus tragique. La réponse a été qu'il était présent partout... sauf

Athènes est une, et c'est en tant qu'elle est une qu'elle accueille Œdipe, les Héraclides, et qu'elle ordonne aux Thébains dans les *Suppliantes* d'Euripide d'accorder une sépulture décente aux Sept. Elle accueille aussi les enfants d'Héraclès. Athènes est une et unanime. J'ai déjà expliqué que l'exception du jugement d'Oreste dans les *Euménides* n'en était pas une. Si quatre tragédies se situent à Athènes, dans quels espaces se situent les autres, et ces espaces ont-ils un sens ? Trois cités se détachent du lot et forment trois groupes avec, respectivement, six tragédies (Thèbes), cinq (Argos) et quatre (Troie et la Troade), le cas de l'*Ajax* étant distinct des autres, puisqu'il s'agit non de la ville assiégée mais de l'armée assiégeante. Quant à l'*Hécube* d'Euripide, elle se passe en Thrace dans une Troie en exil. Le reste peut se répartir selon que le lieu est central au sens politique du mot : Delphes, Thèbes, Corinthe et Suse, ou

Argos est le type même de la cité divisée, elle est Athènes dans ce qu'elle a de pire comme le montre le récit de l'Assemblée qui juge Oreste. Dans les *Suppliantes* d'Eschyle, elle est un lieu d'accueil comme l'est Athènes dans la pièce homonyme d'Euripide. Dans l'*Agamemnon*, les *Choéphores* et les deux *Electre*, elle est un lieu de confrontation et de division. Le contraste est brutal entre l'Argos de l'*Orestie* et l'Argos des *Suppliantes* d'Eschyle avec sa démocratie unanime.

3) Le cas de Troie est tout à fait différent : Thèbes et Argos survivent quoi qu'il arrive à leurs familles régnantes. L'existence même d'Athènes n'est jamais mise en question dans la tragédie, alors qu'elle l'a été dans les faits à la fin de la guerre du Péloponnèse. Troie apparaît comme un constant rappel que les cités sont mortelles ; déjà dans l'*Agamemnon* le thème de la destruction de Troie se mêle étroitement à celui du crime commis à Aulis – le sacrifice d'Iphigénie – et à

l'odeur de sang qui se dégage du palais des Atrides. Il y a une énorme différence entre la prophétie faite à Laïos et celle qui a été annoncée à Hécube. La première annonce la fin des Labdacides, la seconde, qui était développée dans l'*Alexandre* perdu d'Euripide, annonce, à travers la naissance de Pâris-Alexandre, l'incendie et la destruction de Troie.

Prenons les choses par un autre biais. Beaucoup de tragédies sont censées se déployer devant un temple ou, plus souvent encore, devant l'entrée d'un palais. Le palais est lui-même représenté par le bâtiment scénique avec sa porte principale, flanqué de deux avant-corps massifs. Qu'évoquaient les palais pour les Athéniens du Ve siècle ? Dans le lointain la demeure des rois que nous appelons mycéniens, comme le palais des Atrides, dans le proche la résidence des tyrans expulsés par l'effort conjugué des aristocrates et du *démos*. Dans ces conditions, reconnaissons que si le théâtre est, selon le mot d'Oddone Longo, une « métaphore spatiale de la cité »[43], il faut insister sur l'idée de la métaphore, ce qui implique distanciation, presque au sens brechtien du mot. Il faut ajouter que les *Euménides* se déroulent, elles, dans leur seconde partie, sur un lieu qu'il est difficile d'identifier avec précision, entre l'Acropole et l'Aréopage[44]. L'exemple est, au demeurant, nettement exceptionnel.

Il reste vrai de dire que, comme l'a montré Nicole Loraux dans *La Voix endeuillée*, que « le Théâtre de Dionysos ne se situe pas sur l'Agora ».

L'*Œdipe à Colone* se situe, lui dans le dème de Sophocle, et un thème y court constamment, celui de la frontière[45], la frontière entre les vivants et les morts par exemple, comme celle où est installée *Antigone*. Colone est située non à la frontière d'Athènes mais sur la limite de l'*asty*, de la ville.

Bien des tragédies sont sises sur les marges du monde civilisé. C'est le cas de l'*Hélène* d'Euripide (en Egypte), du *Prométhée* d'Eschyle (sur le mont Caucase). C'est encore le cas du *Philoctète* où nous sommes à l'entrée d'une grotte de Lemnos. C'est encore plus vrai de l'ensemble des drames satyriques : les satyres, personnages marginaux s'il en fut, appartiennent à la frontière entre monde sauvage et monde civilisé. Ils parlent et on peut leur parler, mais ils sont dans une zone frontière[46]. Nous sommes là très loin du Temple et du Palais.

L'ensemble le plus extrême et le plus remarquable est sans doute l'*Electre* d'Euripide. Ses deux prédécesseurs, si la pièce de Sophocle est, comme je le crois, antérieure à celle d'Euripide, ont placé l'action devant le palais des Atrides. Le choix d'Euripide a été différent. Il a écrit ce que Florence Dupont a appelé à juste titre une « tragédie des confins »[47].

Electre est la femme nominale d'un paysan (*autourgos*) et habite avec lui « aux lointaines limites » (τηλορός, 251), aux champs. Mais sa rencontre avec Oreste n'a pas lieu dans n'importe quel lieu rustique. « Je ne veux pas, dit le frère d'Electre, pénétrer à l'intérieur des remparts et je poursuis deux buts à la fois en m'arrêtant ici, à la frontière (πρὸς τέρμονας γῆς τῆσδε, 96) : je n'ai qu'un pas à faire pour me jeter sur un autre territoire, si quelque espion me reconnaît, et je cherche ma sœur. » Ainsi opérait Voltaire à Ferney, sur la frontière entre le royaume de France et la République de Genève.

Ce qui est vrai de l'espace est vrai de tous les codes que les poètes manipulent à leur gré, ainsi de l'opposition, je l'ai déjà indiqué, entre les sexes, entre les classes d'âges, entre les hommes libres et les esclaves[48].

Plus subtile est l'opposition entre les valeurs de la parenté et celles de la citoyenneté. Les Danaïdes ne sont pas seulement des Egyptiennes reconnaissables à leur costume barbare, elles ont aussi un lien lointain de parenté avec les Argiens. Et il en est de même des Héraclides avec les Athéniens.

Les liens de parenté existaient dans le monde grec, et d'ailleurs dans l'ensemble du monde méditerranéen (comme on le voit au début de la Genèse). Assez récemment, on a eu un bel exemple de ce que pouvaient faire les cités grecques de la *syngeneia*, avec la publication, par Jean Bousquet, de l'extraordinaire inscription sur la parenté mythique entre les Lyciens de Xanthos, en Asie mineure, et les Doriens de la Métropole, en Grèce continentale[49].

Mais, bien évidemment, le lien majeur dans les tragédies entre l'espace et une classe d'âge est celui qui existe chez les Grecs, en tous les cas chez *mes* Grecs, entre certaines régions de l'espace :

les montagnes, la zone frontière, et les jeunes, les éphèbes.

Ce n'est pas que j'aie été pleinement convaincu par la thèse du regretté Jack Winkler soutenant que la tragédie est, primitivement, « le chant de l'éphèbe »[50], mais il est tout à fait vrai que Winkler a démontré que le registre des éphèbes tragiques est beaucoup plus étendu que je ne l'avais soupçonné. Ion est un éphèbe, et Hippolyte, à Trézène, en est un autre. C'est là qu'il a fait son éphébie[51]. Quand il quitte Trézène, il pénètre dans un désert qui est un seuil, Trézène elle-même étant un seuil d'Athènes. Tel est aussi le cas de Néoptolème dans le désert de Lemnos.

Plus remarquable encore que l'éphèbe, étranger provisoire dans sa propre cité, est le cas du faux étranger, de l'homme que l'on prend pour un étranger et qui est en réalité un citoyen. Tel est le cas d'Œdipe à Thèbes, et Tirésias le lui indique clairement : « L'homme que tu

meurtre. Tel est le cas de toutes les tragédies (sauf l'*Oreste* d'Euripide) dont il est avec Electre le héros. Et, bien entendu, les différents codes sont utilisés par les poètes. Entre lui et Electre, qui est en quelque sorte son double féminin, il y a une quasi-gémellité, ce qui est un des traits majeurs des *Choéphores* d'Eschyle et alimente l'ironie d'Euripide.

Mais, assurément, pour avoir un exemple encore plus frappant, il suffit de se référer aux *Bacchantes* d'Euripide. Etranger à la tête d'une bande étrangère, asiatique, efféminé, masqué, acteur jouant son propre rôle et destiné à le faire pour toujours, maître de l'inquiétante étrangeté (Freud), le Dionysos des *Bacchantes* se révélera être un Thébain, cousin germain du roi Penthée, qui tente de l'emprisonner au nom des valeurs masculines et guerrières de l'hoplite. Dionysos déguise Penthée en femme, lui fait voir double et le conduit vers la montagne tragique par excellence, la montagne-frontière entre Athènes et Thèbes, la forêt où les bergers de Corinthe et de Thèbes se rencontrent dans l'*Œdipe-Roi*, le mont Cithéron. Les *Bacchantes* sont une tragédie de l'exclusion. L'*Œdipe à Colone*, comme l'a bien montré Laura Slatkin, sont une tragédie de l'inclusion, « exil et intégration », le contraire aussi de l'*Œdipe-Roi* [52].

Après une si longue digression sur l'espace, quelques mots sur le temps. Une cité comme Athènes était munie de deux calendriers : un calendrier civique avec le système des prytanies divisant l'année en *dix* sections, et le calendrier religieux fondé sur les *douze* mois. Le point essentiel est que la cité elle-même est en quelque sorte hors du temps. Cela s'exprime par un seul mot : *aei*. Les magistrats changent mais il y aura *toujours* des magistrats, et ceux qui seront en fonction dans le futur auront le devoir d'appliquer ce que la cité et le Conseil ont décidé aujourd'hui. Nicole Loraux a bien montré dans *La Voix endeuillée*[53] que le mot apparaît effectivement dans les tragédies avec son sens civique, mais qu'il est associé plus encore avec le chagrin, la tristesse, les poètes jouant constamment entre *aei*, pour toujours, et *aiai*, hélas.

La tragédie est, en un sens, le contraire de la continuité civique. La tragédie est une crise, négative ou positive, après laquelle personne parmi les héros n'est semblable à lui-même. Le Créon qui réunit le Conseil après la mort d'Antigone, de Hémon et d'Eurydice dans la pièce d'Anouilh est inconcevable dans une tragédie athénienne.

Le meilleur document pour comprendre cela est sans doute le célèbre « discours ambigu » de l'*Ajax* de Sophocle (646-692). Que dit ce texte ? Que les choses changent, politiquement, comme la nature : « L'hiver qui marche dans la neige laisse la place à l'été porteur de moissons [...]. Pour moi, je viens d'apprendre que l'on ne doit haïr son ennemi qu'avec l'idée qu'on l'aimera plus tard ; et pour l'ami, je n'entends de ce jour l'assister qu'avec l'idée qu'il ne restera pas mon ami à jamais[54]. » C'est bien ainsi, mais sans ironie ni ambiguïté, que pense Ulysse, le « politique » de la pièce. Ennemi d'Ajax, il s'allie avec Teucros contre Agamemnon et Ménélas pour assurer à Ajax la sépulture héroïque qu'il a méritée.

La solitude mortelle d'Ajax n'empêche pas la cité d'être immortelle, mais le temps de la cité est quelque chose que le héros tragique, et tout particulièrement sophocléen, qu'il soit homme ou femme, qu'il s'appelle Ajax, Créon ou Antigone, ne peut pas comprendre[55]. Quand Napoléon rencontra Goethe, il lui dit, selon la tradition : « Aujourd'hui, Monsieur, la tragédie, c'est la politique. » Chez les anciens Athéniens, c'était une affaire beaucoup plus compliquée.

Fayence, août 2001

NOTES

1. P. Mazon, *Introduction* au tome I du *Sophocle* de la CUF, Les Belles Lettres, 1977 (4ᵉ tirage), p. XIII, qui s'appuie sur IG I² 202, l. 3-6.

2. J. Wilson, *The Hero and the City. An interpretation of Sophocles'* Œdipus at Colonus, University of Michigan Press, Ann Arbor, 1997, voir par ex. p. 16-17 et 135 n. 11.

3. Notamment par J. Starobinski dans sa préface à la traduction française de *Hamlet et Œdipe* d'E. Jones, trad. A.-M. Le Gall, Paris, Gallimard, 1967.

4. La traduction citée est celle d'A.-M. Ozanam, dans les *Vies* de Plutarque de la collection Quarto, Gallimard, 2001. Le lecteur aura intérêt, pour l'ensemble de ce débat sur tragédie et politique, à se reporter au livre de Christian Meier, *De la tragédie grecque comme art politique*, trad. Marielle Carlier, publié aux Belles Lettres dans la collection Histoire en 1991 ; si je suis loin d'être toujours d'accord avec les analyses de Meier, du moins sommes-nous là à un niveau où la discussion est possible.

5. *Les Maladies à l'aube de la civilisation occidentale*, Paris, Payot, 1985, p. 104-107.

6. Cette mention, qui aurait été inutile à Athènes, où le nom du dème aurait été normal, s'explique par le fait qu'Eschyle meurt à l'étranger.

7. Je cite d'après l'édition de la CUF, p. XXXIV.

8. Sur ce débat, voir P. Vidal-Naquet, « Une énigme à Delphes » in *Le Chasseur noir*, Paris, La Découverte, 1991, 3ᵉ éd., p. 381-407, ainsi que les études fondamentales de P. Amandry qui y sont citées.

9. J'utilise aussi bien l'édition et la traduction de P. Mazon (CUF) que la traduction de Myrto Gondicas et Pierre Judet de La Combe, Editions Comp'Act, 2000.

10. Pour une critique, dans l'ensemble justifiée malgré des formules excessives, de ce type d'interprétation, cf. Florence Dupont, *L'Insignifiance tragique*, Paris, Le Promeneur, 2001, p. 53-59. Le chapitre sur l'*Orestie* du livre de C. Meier (*op. cit.*, *supra* à la note 4, p. 131-174) appelle une discussion approfondie ; les remarques de F. Dupont à ce propos sont d'une férocité inutile.

11. Cambridge University Press.

12. Je cite ici la traduction d'Ariane Mnouchkine, annotée par Pierre Judet de La Combe, de l'*Agamemnon*, Théâtre du Soleil, 1990.

13. Hélène-la-haine comme traduisent A. Mnouchkine et P. Judet de La Combe au vers 687 pour rendre les nombreux jeux de mots d'Eschyle.

14. « The Lion in the House » (1952), repris in *Word and Action. Essays on the Ancient Theater*, Baltimore et Londres, The John Hopkins University Press, 1979.

15. Bruxelles, Palais des Académies, 1962.

16. *Op. cit.*, p. 231-293.

17. Tel est, à ma connaissance, le sentiment de François Jouan qui doit éditer le *Rhésos* dans la CUF.

18. A d'infimes détails près, je suis la traduction de Jean et Mayotte Bollack, de l'*Iphigénie à Aulis*,

337-345, Paris, Editions de Minuit, 1990 ; Roger Goossens, *op. cit.*, p. 676, fait un rapprochement avec ce que disent les historiens, tous d'époque romaine, de l'attitude d' « Alcibiade en mal d'élection ». On ne trouve rien de tel chez Thucydide.

19. Je cite la traduction de L. Méridier, CUF, 1959.

20. *Op. cit.*, p. 556-559 et 645-647.

21. Paris, Gallimard, 1999.

22. Traduction M. Dufour-A. Wartelle, CUF, 1973, à un mot près.

23. Cf. F. Robert, « Sophocle, Périclès, Hérodote et la date d'*Ajax* », *Revue de Philologie*, 38 (1964), p. 213-227 ; avec des arguments plus subtils, C. Meier, *op. cit., supra* à la note 4, p. 227, aboutit à la même conclusion.

24. *Œdipus at Thebes*, New Haven, Yale University Press, 1957.

25. J. et M. Bollack, avant-propos à *Antigone*, Paris, Editions de Minuit, 1999, p. 10.

26. Cf. le livre capital de G. Steiner, *Les Antigones*, trad. Ph. Blanchard, Paris, Gallimard, 1986 ; voir aussi Simone Fraisse, *Le Mythe d'Antigone*, Paris, Armand Colin, 1974, et *Sofocle, Anouilh, Brecht. Variazione sul mito*, a cura di Maria-Grazia Ciani, Venise, Marsilio, 2001.

27. Traduction J. et M. Bollack. Ce qu'il y a à faire ? Prosaïquement, comme à la fin de *Hamlet*, débarrasser la scène des cadavres.

28. Voir R. Marienstras, *Shakespeare au XXI⁰ siècle. Petite introduction aux tragédies*, Paris, Editions de Minuit, 2000.

29. Cf. O. Taplin, *The Stagecraft of Aeschylus*, Oxford University Press, 1977, p. 129-136 ; *contra*, cf. O. Longo, « Il teatro della città », *Dioniso*, 49 (1978), p. 5-13, dont les remarques valent, à mon avis, pour la comédie, non pour la tragédie.

30. *Agamemnon*, 1345-1359, trad. P. Mazon, CUF.

31. T.M. McCall, « The Chorus of Aeschylus Choephors », in M. Griffith et D. Mastronardo (éd.), *Cabinet of the Muses*, Atlanta, 1990.

32. Ainsi traduisent justement J. et M. Bollack ; P. Mazon traduit par « chef ».

33. Je reprends ici, à quelques mots près, un texte de 1982 republié dans J.-P. Vernant et P. Vidal-Naquet, *Mythe et tragédie*, II, Paris, La Découverte, 1986.

34. Nul n'a mieux expliqué cela que Ch.P. Segal dans son grand livre, *Tragedy and Civilization : An Interpretation of Sophocles,* Cambridge (Mass.), Harvard University Press, 1981.

35. In Christopher Pelling (éd.), *Greek Tragedy and the Historians,* Oxford, Clarendon Press, 1997.

36. Je suis ici la traduction de ce vers par R. Goossens, *op. cit.*, p. 350. Il en est de même pour les citations de l'*Héraclès* d'Euripide qui viennent ensuite dans mon texte (p. 349).

37. Je résume ici les conclusions et certaines des analyses de mon étude « Note sur la place et le statut des étrangers dans la tragédie athénienne », in R. Lonis (éd.), *L'Étranger dans le monde grec*, II, Presses universitaires de Nancy, 1997, p. 290-311, avec, p. 311-313, un appendice d'Annie Bélis.

38. Sur cette dernière pièce, dans ses rapports avec les *Sept*, cf. Bernadette Morin, « La Séquence des boucliers dans les *Phéniciennes* d'Euripide », *Revue des études grecques*, 114 (janvier-juin 2001), p. 37-83.

39. Cf. J. Pečirka, *The Formula for The Grant of Enktesis, Acta Universitatis Carolinae, Philos. et Hist. Monog.* XV, Prague, 1966 ; P. Vidal-Naquet, « Œdipe entre deux cités. Essai sur l'*Œdipe à Colone* », *Mythe et Tragédie*, II, p. 175-211.

40. *Oreste*, 1527-1528, trad. Méridier, CUF.

41. F.I. Zeitlin, « Thebes : Theater of Self and Society in Athenian Drama », in J. J. Winkler et F. I. Zeitlin (éd.), *Nothing to do with Dionysos ?*, Princeton, University Press, 1990, p. 130-167 ; sur la *stasis*, voir mon article cité *supra* à la note 39.

42. Cité-non cité, dit Florence Dupont, *L'Insignifiance tragique, op. cit.*, p. 41.

43. Sur le lieu théâtral comme représentation – distanciée – de la *polis*, voir les deux études d'Oddone Longo, « Atene : il Teatro et la città », M. Chiabo et F. Doglio (éd.), *Mito e Realtà del Potere nel Teatro : dall'Antichità Classica al Rinascimento*, Centro studi sul teatro medioevale e rinascimentale, Rome, 1988, p. 21-46, et « La Scena della città. Strutture architettoniche e spazi politici nel teatro greco », in L. De Finis (éd.), *Scena e spettacole nell'antichità*, Florence, Leo S. Olschki Editore, 1989, p. 23-41. C'est à la première de ces deux études, p. 21, que j'emprunte la définition du théâtre comme « métaphore spatiale de la cité », mais en y insistant plus que ne le fait Longo.

44. Cf. la note de P. Mazon à la page 127 de son édition de l'*Orestie*.

45. Cf. mon étude citée ci-dessus à la note 39.

46. Parmi les nombreux travaux de F. Lissarrague sur ce sujet, le plus synthétique est « Iconographie des satyres : un projet de lecture », *Revue archéologique*, 1990, p. 298-210. Une thèse a été soutenue sur ce sujet, et est encore inédite, par le chercheur suisse Pierre Voelke.

47. *Op. cit.*, p. 131-174.

48. Deux de mes élèves ont récemment soutenu des thèses sur ce thème, Anastasia Serghidou (sur les esclaves) et Héléna Patrikiou (sur les classes d'âges et les sexes).

49. J. Bousquet, « La Stèle des Kyténiens à Xanthos de Lycie », *Revue des études grecques*, 101 (1988), p. 12-53.

50. J. J. Winkler, « The Ephebe's song : *Tragôidia and Polis* », *Representations* (été 1985), p. 26-62 ; version légèrement différente in Winkler et Zeitlin, *op. cit., supra* à la note 41, p. 20-62. J'ai exprimé mes réserves sur la thèse soutenue dans cette étude, cf. « Retour au Chasseur noir », in J.-P. Vernant et P. Vidal-Naquet, *La Grèce ancienne*, 3, *Rites de passage et transgressions*, Paris, Seuil, 1992, p. 247-249.

51. *Hippolyte*, 1096.

52. L. Slatkin, « Exile and Integration », in P. Euben (éd.), *Greek Tragedy and Political Theory*, Berkeley et Los Angeles, University of California Press, 1986.

53. *Op. cit., supra* à la note 21, p. 58-60.

54. La traduction est celle de P. Mazon dans la CUF. Comme le dit Richard Buxton, dédicataire de ce petit livre, le discours ambigu est maintenant l'objet de ce qu'il appelle « a minor industry », *Sophocles*, coll. « Greece and Rome », 1984, p. 27. Dans ces conditions, je ne citerai pas cette littérature, y compris lorsqu'elle est de moi.

55. Le savant qui a le mieux compris et expliqué cela, dans l'ensemble de son œuvre, est assurément Bernard Knox.

*Cet ouvrage
publié aux Éditions Les Belles Lettres
a été achevé d'imprimer
en octobre 2002
par Normandie Roto Impression s.a.s.
61250 Lonrai*

Imprimé en France

*N° d'éditeur : 4078
N° d'imprimeur : 022345
Dépôt légal : octobre 2002*